Teresa Präauer

Wie man einen Apfel isst

Teresa Präauer

Wie man einen Apfel isst

Wallstein

Wie man einen Apfel isst

Eine Beobachtung von Zuversicht

Mein Großvater hat einen Apfel anders gegessen als ich. Ich nehme, stehend, im Gehen, einen Apfel in die Hand und beiße hinein.

Mein Großvater hingegen hat sich für das Verspeisen eines Apfels, das war meist abends, immer an den Esstisch gesetzt. Er hat die Ärmel seines kleinkarierten Hemds hochgekrempelt und daraufhin, mit einer Bewegung des Unterarms, das Tischtuch glattgestrichen. Er hat ein Jausenbrett aus Holz vor sich auf den Tisch gelegt, neben sich hatte er bereits ein Glas Bier stehen, halbvoll vielleicht, und in der Mitte des Bretts den Apfel platziert. Ein bereits benutztes Geschirrtuch hatte er, zuvor noch, sorgsam, als wäre ein

Ersatztischchen unterhalb des Tisches nötig, über seine Oberschenkel gebreitet. Der Stoff seiner Hose war dabei nicht edel, doch bewahrenswert.

Er hat einen Schluck Bier aus dem Glas genommen und mich vergnügt angesehen, um im Weiteren wieder seine ganze Aufmerksamkeit der rot-gelben Frucht zu widmen, die das Objekt seiner Begierde kreisrund markierte und ins Zentrum der Küche stellte. Den Apfel hielt er mit der linken Hand fixiert, mit der rechten umklammerte er den Griff eines Taschenmessers, das man Feitel nannte, und führte dieses nun in einer bedachten Bewegung nach oben Richtung Deckenlampe, die Messerspitze nach unten zeigend. Dann hob er den Kopf, visierte die Messerspitze mit der Nase an, begutachtete sie wie ein Inspektor, ein Inspektor der kleinen Dinge. So, in stilles

Innehalten vor dem Apfelschuss vertieft, verharrte er für den Augenblick. Und musste nun bemerken – das verlief nicht jedes Mal gleich, wiederholte sich aber in Variationen an vielen Abenden –, da war eine große Unreinheit an der Klinge: die klebrige Erinnerung an den letzten Schneidvorgang.

Sofort unterbrach er sein Vorhaben, um das Geschirrtuch von der Ablage seiner Oberschenkel zu lupfen, es zu einem Knäuel zu knüllen, es anzuhauchen mit seinem feuchten Atem, und damit, mit hohem Druck und in rascher Routine, besagten Rückstand solange von der Klinge zu putzen, bis diese wieder makellos zu glänzen begänne. Nach Erledigung öffnete er das Knäuel mit einem Schwung seiner rechten Hand wieder zu einem Tuch. Ein Tuch, das großkariert war, in den Farben Rot, Blau und Weiß.

Nicht alles war kleinkariert an dieser Ausstattung, am wenigsten waren es die Gesten, die, vom Standpunkt des Kindes aus beobachtet und gegen das Licht der Deckenlampe ausgeführt, theatralisch erscheinen mussten.
Der Apfel selbst war rot, mit gelben, grünen und braunen Leberflecken übersät, und er war, wenn man ihn drehte, gelb, mit roten und braunen Sommersprossen gesprenkelt. Seine Farben waren verführerisch in der Art, dass sie ein aufgeklärtes Spiel zwischen Anziehung und Widerstand erlaubten. Er war zudem weder giftig, noch vergiftet, noch war er mit Spritzmitteln behandelt, da er ja aus dem Garten der Großeltern stammte. Auch eine mögliche Obstdiebin hatte ihn nicht gepflückt, sondern am Ast hängen lassen, als er noch unreif gewesen war. Später ist er nicht direkt vom Baum geerntet wor-

den, sondern, bald nach dem Fallen, aus dem nassen Gras der Wiese geklaubt.

Nun war vieles geklärt und das Messer so blank, dass sich darin, bei neuerlichem Anheben desselben, die Szenerie unten am Tisch spiegelte: Die Nase und die Augen des Großvaters waren in diesem Bild grotesk groß, die Schultern nicht mehr gar so sehr. Sein Bauch war klein und der Apfel auf dem Jausenbrett bloß noch ein winziger Punkt. Das Kind, das zur Erfindung neigte, war im Spiegel des Metalls nicht zu erkennen.

Jetzt sollte keine Zeit mehr vergehen, der Großvater ließ des Messers Klinge niedersausen in das Fleisch des Apfels und traf umstandslos die Stielgrube, in welcher der Stängel saß. Er spaltete den Apfel exakt in der Mitte und triumphierte mit neuerlichem Blick in Richtung des Enkels.

Der Aufprall der Messerspitze auf die Schale hatte geklungen wie das Knacken von Papier, wenn es knickt. Als der Apfel nun in zwei Hälften auseinanderfiel, erinnerte diese Bewegung das Kind an das Aufschlagen eines Buches.

Der Großvater machte sich an das Schneiden der Apfelhälften. Er zerteilte jede noch drei Mal, sodass sich Spalten ergaben, die man Speideln nannte. Mit dem Messer stach der Großvater nach und nach in eine der schmalen Apfelspalten, ließ das Messer darin stecken und führte es einmal an seinen, und das nächste Mal an meinen Mund. Auf diese Weise war das Essen gefährlicher als sonst, sodass man vorsichtig sein musste, um sich nicht in die Zunge zu schneiden.

Mein Großvater verspeiste alles. Den gesamten Apfelbutzen, das Kerngehäuse mit den Kernen. Und den trockenen Blütenrest. Er aß wie jemand, der vor langer Zeit einmal zu wenig zu essen gehabt hatte. Sein Apfel war mehr als Genuss, er war Nahrung. Währenddessen sprach er nicht, man hörte nur ein Kauen ohne zu schmatzen. Seine Hände wischte er danach in das Geschirrtuch, das dafür auf seinen Schenkeln gewartet hatte. Dann erst hielt er es mir entgegen, damit ich mir den Mund abputzen möge. Nichts blieb nach dem Verzehr des Apfels übrig, nur der Stängel und der Saft an der Messerklinge als süße Nachricht an einen Tag, der in der Zukunft lag.

Jetzt ließ mein Großvater Wasser aus der Leitung über das Jausenbrett fließen, trocknete es mit dem Geschirrtuch ab und lehnte es oberhalb der Abwasch an das Linoleum des Spritzschutzes. Ich stand neben ihm und sah zu. Alles wollte ich festhalten, gerade das, was nicht geschehen war.

»Es gibt einen Ort«, flüsterte mein Großvater mir zu, bevor er sich zum Schlafengehen fertigmachen wollte, »an dem du Äpfel mit Birnen vergleichen kannst.«

»Ach ja?«, fragte ich ungläubig, doch neugierig. Schließlich hieß es überall, man dürfe Äpfel keineswegs mit Birnen vergleichen. Ich kannte die Regeln.

»Doch«, bestätigte mein Großvater mit aufmunterndem Nicken.

Sein Nicken bekam plötzlich die Kraft, sich von Konventionen und den damit einhergehenden Erwartungen an unser Sprechen und Handeln zu lösen. Ich atmete tief ein und aus, ich spürte die Erleichterung, die Küche roch nach Äpfeln. Unglauben, doch Neugier rieben mich auf und trieben mich an, ein Leben lang.

Ich hörte also, wie auch sonst so oft, weiter zu. Mein Großvater war ein Pomologe, bewandert in der Obstbaukunde, einer derjenigen, die bei Nachbarn und Bekannten nach dem Winter den Baumschnitt erledigten.

»Zuerst einmal«, und das sagte mein Großvater noch vorausschickend, »sind beide, Äpfel und Birnen, Kernobst. Die zwei Gattungen müssen also den Vergleich nicht scheuen. Beide gehören sie auch zur Familie der Rosengewächse.«

»Ein Apfel ist eine Rose, eine Birne ist eine Rose«, murmelte ich.

»Und dann«, sagte mein Großvater, »gibt es noch die Literatur«. Seine Zuversicht hatte in diesem hochfliegenden Moment, bevor sie wieder auf dem Boden landen und in den Küchenschränken des Alltäglichen verräumt werden würde, etwas Utopisches.

»Die Literatur ist der Ort, an dem Äpfel durchaus mit Birnen verglichen werden können!«, rief er voller Übermut. »Ein Vergleich«, führte er aus, dies nun beinah wieder pflichtschuldig, »ist kein Synonym. Ein Vergleich sucht die Gemeinsamkeiten zwischen den Dingen, ohne dabei das Unterschiedliche gleichmachen zu wollen.«

»Ach ja«, sagte ich noch einmal.

Falls dem so wäre, dann könnte ich, indem ich über Äpfel spreche, damit vielleicht auch etwas über das Schreiben von Literatur sagen: über mein Schreiben in diesem Fall. Ein Fall gewiss, doch weiter als nicht weit vom Stamm.

Kennst du den Zufall?

Eine Geschichte über Kinder und Hunde, Wörter und Regen, Äpfel und Schafgarben

»Kennst du den Zufall?«, fragt mein kleiner Neffe während eines Spaziergangs durch den Wiener Regen. Ich beuge mich, da ich meinen Ohren nicht traue, zu ihm hinunter und hake nach. »Kennst du den Zufall?«, wiederholt er. Eine verblüffend philosophische Frage für einen Vierjährigen, murmle ich und richte mich wieder auf, ab da nun nicht mehr unbeirrt.

Im Weitergehen beobachte ich ihn lange von der Seite. In seiner gelben Regenjacke stapft er neben mir in Richtung der nahegelegenen Parkanlage, den blauen Schirm mit beiden Händen feierlich vor sich hertragend wie einen Baldachin, geschmückt mit bunten Elefanten, Palmen und Regenbogen. Mit Sternen, Sonnen und Wolken. Wie fröhlich man sich noch als Kind dem Leben zuwendet, denke ich beim Anblick dieser Prozession.

Kenne ich den Zufall? Für das Schreiben spielt der Zufall eine nicht unbeachtliche Rolle. Der Zufall kann ein »Einfall« sein, steht in Grimms Wörterbuch. Monatelang trägt man Vorstellungen von Texten in Gedanken mit sich herum, doch es fehlt der erste Satz. Bevor nicht der Eingang in einen Text gefunden ist, kann mit der Arbeit nicht begonnen werden.

Wir betreten den Park ostseitig über eine stark befahrene Gasse. Mein kleiner Neffe mir voran. Manchmal ist es ein Zufallsfund, der den Knoten löst. Ein Wort, eine Erinnerung, ein Apfel. Etwas entsteht und zieht Konsequenzen nach sich. Eine Reise, ein Gespräch, ein kleiner

Hund. Etwas ganz und gar Schönes, etwas ganz und gar Hässliches. Ein Glück, ein Unglück. »Der Zufall wird als Wirkung des Glücks bezeichnet.« Etwas Überraschendes, wonach man nicht gesucht hat. Anderes, was bereits wie geschrieben schien, geht dafür verloren. Vom Anfang her, ostseitig manchmal, baut sich der Text auf, stellt seine Aufgaben und bringt, wie eine schöne Bescherung, Probleme mit sich.

Kenne ich denn den Zufall? Ich muss nachdenken. Der Regen hat Pfützen gebildet, die wir Lacken nennen. Gerade, wenn es um Kindheit geht, sind die exakten Bezeichnungen wichtig. Als ich Kind war, gab es nur Lacken. Die Pfützen kamen erst mit den ersten Kinderbüchern, dem Vorgelesen-Bekommen und dem später Selberlesen. Mein kleiner Neffe platziert sich, nachdem wir im Park angekommen sind, vor jeder einzelnen Lacke, geht leicht in die Hocke und springt mit viel Karacho mitten ins zentimeterhohe Nass. Das Wasser spritzt nach allen Seiten, und die Wellen bilden noch ein paar Augenblicke lang Kreise um seine Gummistiefel. Dann tritt er ab, nach links und nach rechts, beinah im rechten Winkel. Er positioniert sich noch einmal vor derselben Lacke, diesmal jedoch von einer anderen Stelle aus. Das Ufer gewechselt, geht er erneut in die Hocke, nimmt mit beiden Armen kräftig Schwung und springt. Platsch! Verharrt an der tiefsten Stelle des Sees, geht dann ab.

Da er selbst noch so klein ist, muss ihm alles um ihn herum groß erscheinen. Die Tauben gehen ihm bis zum Knie, die Blätter der Pflanzen bedecken sein ganzes Gesicht. Die Pfützen sind Lacken, die mehrere Ufer haben und zum See geworden sind. Und weiter schreiten wir in gelben Siebenmeilenstiefeln voran zum nächsten Ozean. Wie auch der Sommer damals als Kind am Meer sich eingeprägt hat, erinnere ich mich, während ich dabei zusehe, wie mein kleiner Neffe zielsicher in die nächste Pfütze köpfelt. Istrien ist nicht weit, die Kiefern, Pinien und Zedern, der Eukalyptus und die Agaven. Zwischen roten Bojen eine türkisfarbene Luftmatratze.

Im Park gibt es einen Brunnen, geformt wie ein Felsen, vom Gebirge ausgespuckt und auf dem Asphalt abgelegt. Ich hebe meinen kleinen Neffen hoch, damit er dort oben stehen kann. Er sieht, dass es Beete gibt mit Mohnblumen und Salbei, mit gelben Schafgarben und Federgras. Schon ist ein neues Ziel gefunden. Dort angekommen, reibt er ein Salbeiblatt zwischen den Fingern, wie er es gelernt hat, und riecht daran. Ein weiteres Blatt wird abgerissen und in der Seitentasche des Regenmantels verwahrt. Der Zufall ist das, »was einem zufällt«. Weiter geht's! Es gibt ein betoniertes Fußballfeld, das an anderen Tagen, wenn es noch stärker regnet, wirklich zu einem großen See wird. Und es gibt einen Bereich mit Outdoor-Fitnessgeräten und einen Spielplatz mit Rutsche und Kletterseilen. Alles muss ausprobiert werden.

Die Sonne lugt vorsichtig zwischen den Wolken hervor, die gerade Pause machen, während es von den Blättern der Bäume noch vereinzelt späte Schauer regnet. In der Sandkiste, die bei uns Sandkasten heißt, klebt der Sand, schwer vom Gewicht des Wassers, auf dem lehmigen Untergrund. Wir graben, aus Mangel an Schaufel und Eimer, mit Händen und Füßen, und finden nichts, obwohl wir nach Zufällen gesucht haben. Dabei sind doch Zufälle, notieren die Grimms, »Vorfälle, die unversehens kommen«. Ein junger Mann kommt mit seinem kleinen Hund vorbei, einer Yorkshire-Terrier-Dackel-Mischung mit verklebtem Fell. Der Hund wuselt an der Leine durch den Park, schnuppert an den Lacken, macht aber jedes Mal davor Halt. Beinah setzt er seine Pfote hinein, zögert jedoch. Kein Sprung und kein Planschen. Mein kleiner Neffe dreht sich unvermutet zu Mann und Hund und ruft, über die Distanz von mehreren Metern hinweg: »Möchte er vielleicht ins Wasser?« Der Mann und ich, wir lächeln verlegen. Er erwidert dann, da mein Neffe sichtlich die Antwort abwartet, knapp: »Nee.« Da muss auch die Sonne mitlachen und legt ihre anfängliche Scheu für diesen Tag nun ab.

Wir schließen die Regenschirme und machen uns das Leben gar nicht schwer.

Auf dem Weg zurück spazieren wir noch an einem Kindergarten vorbei, den mein kleiner Neffe, wie er gleich bekundet, bereits kennt. Er kennt dort auch den Brunnen, eine Schale auf vier Säulen, und den steinernen Sarkophag, der auf dem Rasen vor der Kirche aufgebaut ist. »Dem unvergesslichen Vater«, steht an der Längsseite in Stein gemeißelt. Ich denke an meinen verstorbenen Vater, der also wirklich unvergessen ist, und, sofern er nicht vergesslich ist, denkt er auch an uns. Die Erinnerung behalte ich für mich, den kleinen Neffen möge nichts beschweren.

Nah am Gehsteig wachsen im Gras wenige Walderdbeeren. In unmittelbarer Nähe befinden sich nun eine Buchhandlung, an diesem Tag bereits geschlossen, und ein Café, das noch geöffnet hat. Wir kaufen ein Stück Zitronenkuchen und ein Stück Mohntorte. Die Stadterdbeeren solle er nicht pflücken, weise ich meinen kleinen Neffen an. Darauf habe doch sicher ein Hund gepieselt.

Ich habe, zu Hause dann, im Wörterbuch noch einmal nachgeschlagen, was denn das Gegenstück zum Aufspannen eines Regenschirms ist. Schließen sei richtig, schreiben die Leute in einem Online-Forum und führen zahlreiche Beispielsätze an. »Man kann sich das Leben auch schwermachen«, kommentiert dagegen jemand auf der Seite ganz unten. Ich muss lachen. Man kann sich das Leben auch schwermachen auf der Suche nach den exakten Wörtern, ja.

Manchmal aber weht ein »Zufallswind« die Geschichten von den Bäumen wie die Äpfel und den Regen, der Fallwind ist dann für den Kasus zuständig. Ob ich den Zufall kenne? Das Unberechenbare? Die

Notwendigkeit? Sehe ich die Ursache? Oder bloß die Sache, die vor meinen Augen liegt?

»Kennst du Rabe Socke?«, fragt mich mein kleiner Neffe noch, als wir schon wieder auf der stark befahrenen Gasse sind, von der bald die Straße abzweigt, die zur Wohnung seiner Eltern führt. Diesmal habe ich ihn gleich verstanden, auch wenn mir dieser Rabe namens Socke bisher noch nicht untergekommen ist. Die Frage nach Rabe Socke ist sehr ähnlich formuliert wie die Frage nach dem Zufall, und doch scheint sie sich eher mit dem kindlichen Erfahrungshorizont zu decken. Aber was rede ich! Ist es nicht der unglaublichste Zufall, dass wir überhaupt existieren? Und dass mein kleiner Neffe und ich hier mitsammen um die Häuser ziehen?

Vor dem Eingang eines bunt beschilderten Gassenlokals, einer im Souterrain gelegenen, nicht ganz so feinen Pizzeria, bleibt er plötzlich stehen. Er duckt sich, um ins Innere zu sehen, entdeckt aber niemanden. Ich ducke mich ebenfalls. Keiner zu sehen. Beinah setzt er einen Schritt hinein, zögert jedoch. Er möchte vor dem Eingang warten. Und jetzt verstehe ich ihn auf Anhieb: Der Zufall, hier ist er, wenn er nicht gerade Pause macht! Wir warten gemeinsam noch ein bisschen, aber der Zufall taucht heute nicht mehr auf. Ich stelle ihn mir türkisch vor, vielleicht ein wenig untersetzt, oder auch arabisch, mit einer Baseballmütze von den Yankees und weißem T-Shirt, fleckig von der Arbeit am Pizzaofen. Der Zufall lässt sich nicht blicken. Wir gehen heim.

In der Wohnung angekommen, erfahre ich von den Eltern meines kleinen Neffen, dass der Zufall eigentlich

Tufail heißt. Er kommt aus Pakistan und bäckt die vegetarische Pizza, die sie manchmal abends bei ihm bestellen und dann abholen gehen. Wir lachen über das herrlich-schöne Missverständnis, das durch den Gleichklang von zwei unterschiedlichen Wörtern und Bedeutungen entstanden ist. »Du weißt doch, was ein Zufall ist?«, fragt meine Schwester ihren Sohn. Dieser nickt. »Ein Zufall«, erklärt sie, »das ist etwas, na ja, das man nicht erwartet hat.« Eine Sache, deren Ursache wir nicht kennen. Das Unberechenbare, das Überraschende! Eine Beobachtung, nach der man ursprünglich nicht gesucht haben mag.

Ich kenne den Zufall nicht, aber ich weiß jetzt, wo er seine Pizza bäckt. Dort im Außenbezirk, in der Nähe des Parks, wo die Autos vorbeirasen in Richtung Stadtzentrum. Bei den Regenpfützen und den Containern für Altpapier, bei den Fahrradabstellplätzen und den blinkenden Schildern. Der kleine Hund ist nicht mehr in Sichtweite.

Teresa Präauer im Wallstein Verlag:

Für den Herrscher aus Übersee. Roman
(2012)

Johnny und Jean. Roman
(2014)

Oh Schimmi. Roman
(2016)

Tier werden
(2018)

Das Glück ist eine Bohne
und andere Geschichten
(2021)

Mädchen
(2022)

Kochen im falschen Jahrhundert. Roman
(2023)

Gehalten wurde die Rede »Wie man einen Apfel isst« anlässlich der Verleihung des Bremer Literaturpreises im Januar 2024.
»Kennst du den Zufall?« ist eine bisher unveröffentlichte Geschichte.

Bibliografische Information der Deutschen Nationalbibliothek

Die Deutsche Nationalbibliothek verzeichnet diese Publikation in der Deutschen Nationalbibliografie; detaillierte bibliografische Daten sind im Internet über http://dnb.d-nb.de abrufbar.

www.wallstein-verlag.de
Einbandgestaltung: Wallstein Verlag
Zeichnungen: © Teresa Präauer
Vom Verlag gesetzt aus der Stempel Garamond
Druck und Verarbeitung: Pustet, Regensburg

ISBN 978-3-8353-5758-7